BEI GRIN MACHT SICH IHR WISSEN BEZAHLT

AF173332

- Wir veröffentlichen Ihre Hausarbeit,
  Bachelor- und Masterarbeit

- Ihr eigenes eBook und Buch -
  weltweit in allen wichtigen Shops

- Verdienen Sie an jedem Verkauf

Jetzt bei www.GRIN.com hochladen
und kostenlos publizieren

Bibliografische Information der Deutschen Nationalbibliothek:

Die Deutsche Bibliothek verzeichnet diese Publikation in der Deutschen National-
bibliografie; detaillierte bibliografische Daten sind im Internet über http://dnb.d-
nb.de/ abrufbar.

Dieses Werk sowie alle darin enthaltenen einzelnen Beiträge und Abbildungen
sind urheberrechtlich geschützt. Jede Verwertung, die nicht ausdrücklich vom
Urheberrechtsschutz zugelassen ist, bedarf der vorherigen Zustimmung des Verla-
ges. Das gilt insbesondere für Vervielfältigungen, Bearbeitungen, Übersetzungen,
Mikroverfilmungen, Auswertungen durch Datenbanken und für die Einspeicherung
und Verarbeitung in elektronische Systeme. Alle Rechte, auch die des auszugsweisen
Nachdrucks, der fotomechanischen Wiedergabe (einschließlich Mikrokopie) sowie
der Auswertung durch Datenbanken oder ähnliche Einrichtungen, vorbehalten.

Impressum:

Copyright © 2009 GRIN Verlag, Open Publishing GmbH
Druck und Bindung: Books on Demand GmbH, Norderstedt Germany
ISBN: 9783656346296

Dieses Buch bei GRIN:

http://www.grin.com/de/e-book/207197/zerstoerungsfreies-pruefen-einer-
schweissnaht-unterweisungsentwurf-stahlbautechniker

Christian Grahl

Zerstörungsfreies Prüfen einer Schweißnaht (Unterweisungsentwurf Stahlbautechniker, -in)

Farbeindringprüfung rot-weiß

GRIN Verlag

GRIN - Your knowledge has value

Der GRIN Verlag publiziert seit 1998 wissenschaftliche Arbeiten von Studenten, Hochschullehrern und anderen Akademikern als eBook und gedrucktes Buch. Die Verlagswebsite www.grin.com ist die ideale Plattform zur Veröffentlichung von Hausarbeiten, Abschlussarbeiten, wissenschaftlichen Aufsätzen, Dissertationen und Fachbüchern.

Besuchen Sie uns im Internet:

http://www.grin.com/

http://www.facebook.com/grincom

http://www.twitter.com/grin_com

Inhaltsverzeichnis

1. GRUNDLAGEN ZUM BERUF   2

2. BESCHREIBUNG DES AUSZUBILDENDEN   3

3. DIDAKTISCHE UND PÄDAGOGISCHE ÜBERLEGUNGEN   4

4. ARBEITSSCHUTZ / UNFALLVERHÜTUNG   6

5. WAHL UND BEGRÜNDUNG DER 4 STUFEN METHODE   7

6. DURCHFÜHRUNG DER UNTERWEISUNG   8

    6.1. VORBEREITUNG   8

    6.2. 1. STUFE   8

    6.3. 2. STUFE   9

    6.4. 3. STUFE   10

    6.5. 4. STUFE   11

1. Grundlagen zum Beruf

Ausbildungsberuf	:	Konstruktionsmechaniker Fachrichtung Schiff- und Stahlbautechnik
Ausbildungsdauer	:	3½ Jahre
Gegenwärtige Ausbildungsstufe	:	2 Lehrjahr 1 Hälfte
Thema der Unterweisung	:	Zerstörungsfreies Prüfen Eindringprüfung
Ort der Unterweisung	:	Arbeitsplatz im Betrieb
Zeitpunkt der Unterweisung	:	9:15Uhr am Arbeitsplatz
Verwendete Ausbildungsmittel	:	Eindringmittel , Reiniger , Entwickler
Medien	:	Anlagen Platt Eindringprüfung Deutsche Fassung EN 571-1 : 1997-03

2. Beschreibung des Auszubildenden

Name   : S.

Vorname   : A.

Alter   : 17 Jahre

Schulabschluss   : Realschulabschluss

Lehrbeginn   : August 2007

Kurzbeschreibung   : Der Auszubildende zeigt in der theoretischen Ausbildung
                                einen mittleren Leistungsstand auf.

                                In der Praktischen Arbeit zeigt sich sein besonderes
                                Interesse an konstruktiver und kreativer Tätigkeit.

                                Bei Berechnungen zeigt der Auszubildende leichte
                                Schwächen.

3. Didaktische und pädagogische Überlegungen

Faustregeln zur Ausbildungsplanung

Vom Leichten zum Schwierigen : Von der Eindringprüfung zu Magnetpulverprüfung.

Vom Einfachen zum Zusammengesetzten : Von einem Vorgegebenen Prüfverfahren zum Selbstständigen Handeln bei der Auswahl der Prüfverfahren.

Didaktische Prinzipien

Ich verwirkliche das Prinzip der Praxisnähe, indem der Auszubildende direkt mit den realen Prüfmitteln arbeitet.

Durch schrittweise Einführung der einzelnen Prüfverfahren (in 3 nachfolgenden Unterweisungen) gliedere ich den Stoff fasslich auf.

Verbesserung der Leistungen bei Berechnungen durch kontinuierliche Übungen (steigert gleichzeitig die Lernfähigkeit bei der theoretischen Ausbildung).

Lernziel

Durch Herausarbeiten der vorhandenen Fähigkeiten den Ansporn zur selbstständigen Verbesserung der Leistungsschwächen wecken und zum eigenmotivierten Handeln befähigen.

Richtlernziel	: §7 Abs.1 Nr.16 im Ausbildungsrahmenplan. Sichtprüfverfahren, insbesondere Farbeindring- oder Magnetpulverprüfung, an Schweißnähten durchführen.
Groblernziel	: Prüfen von Schweißnähten mit dem Eindringprüfverfahren nach EN 571-1
Feinlernziel	: Selbstständige Durchführung von Farbeindringprüfung an Schweißnähten zur Arbeits- und Gütekontrolle.

Ausarbeitung Lehrmethode „Zerstörungsfreies Prüfen – Eindringmethode"

Lernbereiche

Kognitiver Lernbereich : Der Auszubildenden muss die Prüfmethoden so wie die Einsatzbereiche der Prüfmittel kennen.

Affektiver Lernbereich : Der Auszubildenden muss den richtigen Umgang mit den Prüfmitteln beachten.

Psychomotorischer Lernbereich : Der Auszubildenden muss darauf achten, dass Eindringmittel, Reiniger und Entwickler nach den jeweiligen Produktvorgaben aufgetragen wird. Bei der Auswertung müssen die Fehler durch den Auszubildenden erkannt werden.

Ausbildungs- und Führungsstil : Kooperativer Führungsstil erhöht die Motivation und verbessert die Spontanität und Kreativität des Auszubildenden.

Durch Einbeziehung des Auszubildenden in die Thematik verringert sich die Hemmschwelle, bei Unsicherheit mit Fragen an den Ausbilder heran zu treten. Die Angst sich mit Fragen zu blamieren sinkt. Durch diese Faktoren ist eine kontinuierliche Leistungssteigerung gewährleistet.

Lernzielkontrolle

Durch Auswertung der Ergebnisse der selbstständig ausgeführten Arbeiten wird dem Ausbilder und gleichzeitig dem Auszubildenden der Leistungsstand aufgezeigt. Auf eventuelle schwächen kann eingegangen werden und Möglichkeiten der Verbesserung des Leistungsstandes des Auszubildenden gefunden werden.

Die Lernzielkontrolle zeigt dem Ausbilder gleichzeitig auf, welchen Erfolg seine Lehrunterweisung hatte und welche Verbesserung Möglichkeiten sich für sein Ausbildungskonzept ergeben.

4. Arbeitsschutz / Unfallverhütung

Zu Beginn der Lehrunterweisung ist eine Arbeitsschutzbelehrung durchzuführen und die Arbeitsschutzausrüstung mit dem Auszubildenden abzusprechen. Auf Besonderheiten (z.B. chemikalienfeste Schutzbrille, Schutzhandschuhe usw.) ist hinzuweisen.

Der Arbeitsplatz ist auf die Anforderungen des Arbeitsschutzes zu prüfen.

5. Wahl und Begründung der 4 Stufen Methode

Die 4 Stufen Methode hat den Vorteil, dass der Auszubildende eine Vollumfängliche Lehrunterweisung erfährt.

Durch Vorführung, gemeinsame Ausführung, selbstständige Wiederholung und gemeinsame Analyse und Auswertung der durchgeführten Übung werden dem Auszubildenden die Einzelschritte vermittelt und können durch ihn verinnerlicht werden.

Die 4 Stufen Methode kann auf nahezu alle Ausbildungsbereiche übertragen werden.

Ausarbeitung Lehrmethode „Zerstörungsfreies Prüfen – Eindringmethode"

6. Durchführung der Unterweisung

6.1. Vorbereitung

Bezeichnung der Arbeit:	Unterweisung durch:	Materialien:
Farbeindringverfahren an Schweißnähten durchführen	Ausbilder	Vorreiniger, Eindringmittel, Zwischenreiniger, Entwickler, Hilfsmittel

6.2. 1. Stufe

1.	Stufe	Vorbereitung	
	Lernschritte	Kernpunkte	Begründung
1.1	Einweisung in die zu erledigende Arbeit	Vorstellung des Verfahrens	Eine detaillierte Erklärung der einzelnen Arbeitsschritte erleichtert dem Auszubildenden das erfassen der einzelnen Arbeitsschritte
1.2	Anknüpfen an Vorkenntnisse	Kurze Abfrage und Wiederholung des Lehrinhaltes aus der Theorie/Berufsschule	Verschafft dem Ausbilder einen Überblick über den Kenntnisstand der Auszubildenden und erleichtert die systematische Lehrunterweisung.

6.3. 2. Stufe

2.	Stufe	Vorführung durch den Ausbilder mit Erläuterungen für die Auszubildenden	
	Lernschritte	Kernpunkte	Begründung
2.1	Vorbereitung und Vorreinigung	Verunreinigungen, wie z.B. Zunder, Rost, Öle, Fette oder Lacke müssen entfernt werden.	Reinigung ist notwendig um ein optimales, sicheres Prüfergebnis zu erzielen.
2.2	Eindringvorgang	Aufbringen des Eindringmittels erfolgt durch Sprühen, Tauchen, Übergießen oder Streichen.	Vollständige Benetzung während des vorgeschriebenen Eindringvorganges ist sicherzustellen. Verarbeitungshinweise des Eindringmittels beachten!
2.3	Zwischenreinigung	Zwischenreinigung muss so erfolgen, dass das Eindringmittel nicht aus den Oberflächenfehlern entfernt wird.	Bei zu gründlicher Reinigung besteht die Gefahr der Verfälschung des Prüfergebnisses
2.4	Entwicklungsvorgang	Der Entwickler muss in einem homogenen Zustand vorliegen und unmittelbar nach der Zwischenreinigung in einer gleichmäßigen Schicht auf das Prüfstück aufgetragen werden	Homogenität und Schichtdicke des Entwicklers beeinflussen das Prüfergebnis.
2.5	Inspektion	Erste visuelle Prüfung schon nach auftragen des Entwicklers. Nach Ende der Entwicklungszeit erfolgt eine eingehende Untersuchung des Prüfstücks. Hilfsmittel Lupe oder und Kontrastverstärkende Brillen einsetzen!	Sichtbarmachung von Schad- und Fehlerstellen am Prüfstück.
2.6	Protokollierung	Nachweis der durchgeführten Prüfung. Auswertbares Resultat.	Dient dem Nachweis der Durchführung einer Werkstücküberprüfung.
2.7	Nachreinigung	Reinigung erfolgt wenn nötig mechanisch, chemisch oder in Kombination beider Verfahren.	Ist notwendig wenn das Prüfstück einer weiteren Verwendung zur Verfügung gestellt wird und das Prüfmittel eine Beeinträchtigung der Weiterverwendung darstellt.

6.4. 3. Stufe

3.	Stufe	Nachvollzug für die Auszubildenden unter Beobachtung durch den Ausbilder.	
	Lernschritte	**Kernpunkte**	**Begründung**
3.1 bis 3.7		Gleicher Ablauf wie 2. Stufe (2.1 bis 2.7), aber der Ausbilder berichtigt nur kleine Fehler und leistet je nach Leistungsstand des Auszubildenden Unterstützung (Leistungsniveauangleichung)	
3.8	Besprechung	Auswertung der Übung.	Aufzeigen von stärken und Schwächen
		Frage ob selbstständige Durchführung der Prüfung durch den Auszubildenden zugetraut wird.	Förderung der Aktivität – Motivation, Stärkung des Selbstvertrauens

6.5. 4. Stufe

4.	Stufe	Abschlussübung	
	Lernschritte	**Kernpunkte**	**Begründung**
4.1 bis 4.7		Gleicher Ablauf wie 2. und 3. Stufe, aber der Ausbilder gibt dem Auzubildenden Zeit zur selbstständigen Übung und zeigt klar, das diese Abschlussübung ohne weitere Unterweisung erfolgt. Der Ausbilder übt nur eine Überwachungsfunktion aus und greift nur bei groben Fehlern ein.	
4.8	Abschlussbe-sprechung	Auswertung des Prüfergebnisses	Hinweis auf eventuelle Verfahrensfehler und Aufzeigen von Lösungsmöglichkeiten.
		Unterweisung ausdrücklich beenden	Zeigt das erreichen des Ausbildungszieles an
		Auszubildende loben	Motivation
		Hinweis auf nächstes Ausbildungsziel	Interesse wecken und hinweise auf theoretische Lehrinhalte der Berufsschule

BEI GRIN MACHT SICH IHR WISSEN BEZAHLT

- Wir veröffentlichen Ihre Hausarbeit,
  Bachelor- und Masterarbeit

- Ihr eigenes eBook und Buch -
  weltweit in allen wichtigen Shops

- Verdienen Sie an jedem Verkauf

Jetzt bei www.GRIN.com hochladen und kostenlos publizieren